얄라리의 어휘 콕콕! 한 컷 초등 속담

재능많은국어연구소 지음
에렘 그림

휴먼어린이

초대하는 글

국어 실력을 기르는 첫걸음, 재미있는 한 컷 그림으로 시작해요!

속담은 예로부터 사람들 사이에 전해져 내려오는 짧은 말이에요. 그 안에는 우리 조상들의 경험과 교훈이 담겨 있어서 속담을 잘 알면 삶의 지혜를 얻을 수 있어요. 게다가 속담을 사용하면 길게 말하지 않아도 한마디로 내 생각을 효과적으로 표현할 수 있지요.

하지만 막상 속담을 들으면 무슨 뜻인지 알쏭달쏭할 때가 많아요. 속담은 있는 그대로를 설명하지 않고 주로 다른 사물이나 상황에 빗대어 표현한 말이 많기 때문이에요. 오늘날에는 잘 쓰지 않는 옛날 말이 나오기도 하고요. 그래서 속담을 제대로 이해하고 잘 사용하려면 속담에 얽힌 이야기와 숨은 뜻을 알아야 합니다.

이 책은 초등 교과서에 나오는 필수 속담을 여섯 가지 주제로 나누어 담았어요. 말맛과 글맛을 살려 주는 다양한 속담을 만나고, 재미있는 한 컷 그림으로 속담의 의미를 한눈에 쏙 익힐 수 있답니다. 그럼, 수다쟁이 병아리 '얄라리'와 함께 신나는 속담 공부를 시작해 볼까요?

책의 활용법

유쾌한 병아리 얄라리와 함께
초등 필수 속담을 재미있게 익혀요!

① 초등학생이 꼭 알아야 할 속담을 주제별로 즐겁게 배울 수 있어요.

② 머릿속에 쏙 박히는 뜻풀이로 속담의 뜻을 알아보고, 뜻이 비슷한 속담도 확인해요.

③ 얄라리와 친구들이 등장하는 한 컷 그림으로 속담의 의미를 쉽고 재미있게 이해해요.

④ 속담 톡톡 코너의 예문으로 실생활 쓰임새를 익혀요.

캐릭터 소개

얄라리

장난기 가득한 수다쟁이 병아리

친구 없이는 하루도 못 사는 '친구바라기'예요!
늘 친구들과 함께 웃고 떠들지만,
중요한 순간엔 눈썹부터 바짝 세우고
누구보다 진지해진답니다.

하오리

**친구들의 중심을 잡아 주는
어른스러운 오리**

힘들어하는 친구에게 가장 먼저 다가가는
따듯한 마음씨를 갖고 있어요.
언제나 여유 있는 웃음을 지으며
친구들을 든든하게 챙겨 주지요.

방붕이

먹는 걸 가장 좋아하는 천진난만한 강아지

엉뚱해서 가끔 친구들에게 놀림받지만, 마음이 순수하고 애정이 넘쳐서 모두가 좋아해요. 눈치보단 진심, 계산보단 우정! 친구들이 곁에 있으면 마냥 행복해요.

하삐

하얗고 동글동글한 병아리

얄라리의 사랑스러운 친척 동생들이에요. 어디서든 우르르 몰려다니는 걸 좋아해요! 형, 누나 친구들과도 금방 친해지고, 애교가 많은 귀여운 성격이랍니다.

차례

초대하는 글 4
책의 활용법 5
캐릭터 소개 6

 1장 지혜와 교훈이 담긴 속담

구슬이 서 말이라도 꿰어야 보배 14
꿩 먹고 알 먹기 15
낮말은 새가 듣고 밤말은 쥐가 듣는다 16
누워서 침 뱉기 17
돌다리도 두들겨 보고 건너라 18
등잔 밑이 어둡다 19
말 한마디에 천 냥 빚도 갚는다 20
말이 씨가 된다 21
미운 아이 떡 하나 더 준다 22
발 없는 말이 천 리 간다 23
백지장도 맞들면 낫다 24
벼 이삭은 익을수록 고개를 숙인다 25
보기 좋은 떡이 먹기도 좋다 26
세 살 적 버릇이 여든까지 간다 27
송충이는 솔잎을 먹어야 한다 28

시작이 반이다 29
싼 것이 비지떡 30
오르지 못할 나무는 쳐다보지도 마라 31
웃는 낯에 침 못 뱉는다 32
윗물이 맑아야 아랫물이 맑다 33
입에 쓴 약이 병에는 좋다 34
작은 고추가 더 맵다 35
하나를 보고 열을 안다 36
호랑이에게 물려 가도 정신만 차리면 산다 37

 2장 인간관계에 관한 속담

가는 말이 고와야 오는 말이 곱다 40
가재는 게 편 41
가지 많은 나무에 바람 잘 날이 없다 42
고래 싸움에 새우 등 터진다 43
고양이한테 생선을 맡기다 44
굴러온 돌이 박힌 돌 뺀다 45
남의 손의 떡은 커 보인다 46

닭 소 보듯 47

되로 주고 말로 받는다 48

먼 사촌보다 가까운 이웃이 낫다 49

미꾸라지 한 마리가
온 웅덩이를 흐려 놓는다 50

믿는 도끼에 발등 찍힌다 51

바늘 가는 데 실 간다 52

숭어가 뛰니까 망둥이도 뛴다 53

어물전 망신은 꼴뚜기가 시킨다 54

열 길 물속은 알아도
한 길 사람의 속은 모른다 55

원수는 외나무다리에서 만난다 56

호랑이도 제 말 하면 온다 57

 **뻔뻔한 행동을 꼬집는 속담**

개구리 올챙이 적 생각 못 한다 60

개도 주인을 알아본다 61

냉수 먹고 이 쑤시기 62

눈 가리고 아웅 63

달면 삼키고 쓰면 뱉는다 64

닭 잡아먹고 오리발 내놓기 65

떡 줄 사람은 꿈도 안 꾸는데
김칫국부터 마신다 66

똥 묻은 개가 겨 묻은 개 나무란다 67

못 먹는 감 찔러나 본다 68

못된 송아지 엉덩이에 뿔이 난다 69

물에 빠진 놈 건져 놓으니까
내 봇짐 내라 한다 70

바늘 도둑이 소도둑 된다 71

방귀 뀐 놈이 성낸다 72

벼룩도 낯짝이 있다 73

병 주고 약 준다 74

불난 집에 부채질한다 75

빈 수레가 요란하다 76

재주는 곰이 넘고 돈은 주인이 받는다 77

콩으로 메주를 쑨다 하여도
곧이듣지 않는다 78

하룻강아지 범 무서운 줄 모른다 79

4장 세상만사를 나타내는 속담

가는 날이 장날 82
가랑비에 옷 젖는 줄 모른다 83
개똥도 약에 쓰려면 없다 84
금강산 구경도 식후경이라 85
까마귀 날자 배 떨어진다 86
누워서 떡 먹기 87
될성부른 나무는 떡잎부터 알아본다 88
뛰는 놈 위에 나는 놈 있다 89
모르면 약이요 아는 게 병 90
빛 좋은 개살구 91
사공이 많으면 배가 산으로 간다 92
소문난 잔치에 먹을 것 없다 93
수박 겉 핥기 94
십 년이면 강산도 변한다 95
아니 땐 굴뚝에 연기 날까 96
아닌 밤중에 홍두깨 97
얌전한 고양이 부뚜막에 먼저 올라간다 98
엎어지면 코 닿을 데 99

원숭이도 나무에서 떨어진다 100
자라 보고 놀란 가슴 솥뚜껑 보고 놀란다 101
콩 심은 데 콩 나고 팥 심은 데 팥 난다 102
황소 뒷걸음치다가 쥐 잡는다 103

5장 어려운 처지를 표현하는 속담

갈수록 태산 106
고양이 목에 방울 달기 107
낫 놓고 기역 자도 모른다 108
내 코가 석 자 109
달걀로 바위 치기 110
닭 쫓던 개 지붕 쳐다보듯 111
도둑이 제 발 저리다 112
마른하늘에 날벼락 113
물에 빠지면 지푸라기라도 잡는다 114
배보다 배꼽이 더 크다 115
소 잃고 외양간 고친다 116

쇠귀에 경 읽기 117
언 발에 오줌 누기 118
우물 안 개구리 119
울며 겨자 먹기 120
재수 없는 놈은 자빠져도 코가 깨진다 121
토끼 둘을 잡으려다가 하나도 못 잡는다 122
하늘의 별 따기 123

쇠뿔도 단김에 빼랬다 135
열 번 찍어 아니 넘어가는 나무 없다 136
우물을 파도 한 우물을 파라 137
쥐구멍에도 볕 들 날 있다 138
지렁이도 밟으면 꿈틀한다 139
짚신도 제짝이 있다 140
천 리 길도 한 걸음부터 141
티끌 모아 태산 142
하늘은 스스로 돕는 자를 돕는다 143

6장 용기와 희망을 주는 속담

찾아보기 144

고생 끝에 낙이 온다 126
공든 탑이 무너지랴 127
구더기 무서워 장 못 담글까 128
굼벵이도 구르는 재주가 있다 129
길고 짧은 것은 대어 보아야 안다 130
꿩 대신 닭 131
목마른 놈이 우물 판다 132
무쇠도 갈면 바늘 된다 133
서당 개 삼 년에 풍월을 읊는다 134

일러두기
- 이 책의 표기법은 국립국어원의 한글 맞춤법과 표준어 규정을 따랐습니다.
- 초등학교 교과서에 나오는 내용 중에서 필수 속담을 선별하여 담았습니다.
- 속담은 각 장별로 가나다순으로 배열했습니다.
- [찾아보기]는 책에 실린 총 120개의 속담을 가나다순으로 정리했습니다.

1장

지혜와 교훈이 담긴 속담

구슬이 서 말이라도 꿰어야 보배
아무리 좋은 것이라도 쓸모 있게 만들어야 가치가 생긴다

예쁜 구슬이 한가득 있다고 해서 저절로 장신구가 만들어지는 건 아니야. 멋진 구슬 팔찌가 갖고 싶다면 실에 구슬을 하나씩 꿰는 정성과 노력이 필요해.

속담 톡톡!

- "구슬이 서 말이라도 꿰어야 보배라고 아무리 재료가 좋아도 요리를 잘해야 맛있는 음식을 먹을 수 있어."

꿩 먹고 알 먹기

한 가지 일을 해서 두 가지 이상의 이익을 얻는다

모성애가 강한 꿩은 어떤 위기가 닥쳐도 알을 지키기 위해 잘 도망가지 않는대. 따라서 알을 품고 있는 꿩을 사냥하면 꿩도 잡고 알도 잡을 수 있으니 훨씬 이득이겠지?

⑪ 굿 보고 떡 먹기, 알로 먹고 꿩으로 먹는다

속담 톡톡!

○ "퍼즐 맞추기를 하면 스트레스도 풀리고 머리도 좋아지니까 꿩 먹고 알 먹기잖아!"

낮말은 새가 듣고
밤말은 쥐가 듣는다

비밀스럽게 주고받은 말이라도 남의 귀에 들어가게 된다

아무도 듣고 있지 않을 것 같은 상황이라도 누군가 내 말을 듣고 있는 사람이 있을 수 있어. 그러니까 어디서든 항상 말조심을 하자!

속담 톡톡!

○ "낮말은 새가 듣고 밤말은 쥐가 듣는다더니 내가 다음 달에 전학 가는 거 어떻게 알았어?"

누워서 침 뱉기

남을 해치려고 하다가 도리어 자기가 해를 입는다

누워 있는 상태에서 하늘을 향해 침을 뱉어 봤자 내 얼굴에 그대로 떨어지겠지? 이처럼 자신에게 피해가 돌아오는 일을 벌이는 상황을 나타내는 속담이야.

(비) 자기 얼굴에 침 뱉기, 하늘 보고 침 뱉기

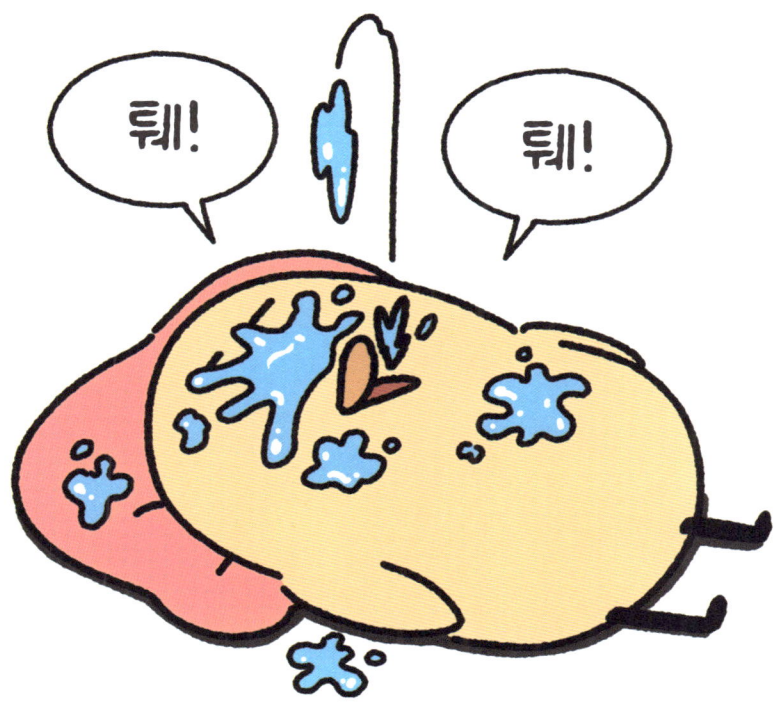

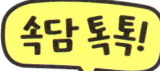

○ "반칙을 쓰려다가 혼자 자빠진 걸 보면 결국 누워서 침 뱉기야."

돌다리도 두들겨 보고 건너라

잘 아는 일도 주의를 기울여 확인하라

단단한 돌다리도 어느 날 갑자기 와르르 무너질 수 있어. 아무리 확실해 보이는 일이라도 다시 한번 꼼꼼하고 세심하게 살피라는 뜻이야.
㉑ 얕은 내도 깊게 건너라, 아는 길도 물어 가랬다

속담 톡톡!

○ "햇볕이 쨍쨍해서 비가 오지 않을 것 같지만 돌다리도 두들겨 보고 건너라고 일기 예보를 한번 확인해 보자."

등잔 밑이 어둡다
가까이에 있는 대상을 도리어 잘 알기 어렵다

옛날에 기름을 담아 등불을 켤 때 사용하던 등잔은 그 아랫부분이 가장 어둡대. 등잔불로 주변을 환히 비춰도 정작 등잔 밑은 받침에 가려져서 잘 보이지 않았던 거야. 이처럼 가까이에 있는 사물을 놓치거나 잘 안다고 생각하는 사람에 대해서 모르는 점이 있을 때 이 속담을 쓸 수 있어.

○ "바지 주머니에 있는 핸드폰을 잃어버린 줄 알고 계속 찾아다녔다니 정말 등잔 밑이 어둡네!"

말 한마디에 천 냥 빚도 갚는다

말만 잘하면 어려운 일도 해결할 수 있다

'냥'은 옛날에 돈으로 사용하던 엽전을 세는 단위야. 다섯 냥이면 쌀 한 섬을 살 수 있는 돈이었다고 하니, 천 냥이면 어마어마하게 큰돈이었지. 그 많은 빚을 말 한마디로 갚는다니 말이 얼마나 중요한지 알겠지?

㉯ 천 냥 빚도 말로 갚는다

속담 톡톡!

○ "**말 한마디에 천 냥 빚도 갚는다**는데 진심을 담아서 사과하면 친구도 화가 풀릴 거야."

말이 씨가 된다

말하던 것이 실제로 일어나다

눈에 보이지 않는 말이 씨앗이 되는 건 사실 불가능한 일이야. 하지만 무심코 내뱉은 말이 실제로 이루어질 때도 많아. 말에는 신비한 힘이 있으니 되도록 긍정적이고 예쁜 말을 쓰도록 노력하자.

속담 톡톡!

- "반장이 되고 싶다고 노래를 부르더니만 결국 말이 씨가 되었네."

미운 아이 떡 하나 더 준다

미운 사람일수록 잘 대해 줘야 나쁜 일이 생기지 않는다

누군가를 미워할수록 내 마음이 더 괴롭고 힘들어져. 미운 사람을 너그럽게 대하다 보면 미워하는 마음이 점차 가라앉게 되고, 상대방도 더는 미운 행동을 안 하게 될지도 몰라.

속담 톡톡!

- "미운 아이 떡 하나 더 준다고 이번 한 번만 지각한 거 봐줄게."

발 없는 말이 천 리 간다

말은 순식간에 널리 퍼질 수 있으니 조심해야 한다

말이 퍼지는 속도는 사람의 발보다도 빨라. 한번 내뱉은 말은 주워 담을 수 없고, 사람들 사이에서 쉽게 퍼져 나갈 수 있으니 신중히 말해야 해.

속보입니다! 얄라리가 같은 반 친구를 짝사랑한다고 합니다.

아니, 이게 어떻게 된 거야?

너한테만 얘기한 건데!

○ "**발 없는 말이 천 리 간다**고 너랑 나랑 어제 싸운 거 이미 학교에 다 소문났더라."

백지장도 맞들면 낫다

쉬운 일도 힘을 모으면 더욱 쉽게 할 수 있다

백지장은 하얀 종이 한 장을 말해. 얇고 가벼운 종이 한 장이라도 혼자서 드는 것보다 양쪽에서 두 사람이 마주 드는 게 더 편하겠지? 사소하고 쉬운 일도 서로 힘을 합한다면 더욱 손쉽게 해낼 수 있어.

🔵 백지 한 장도 맞들면 낫다, 종잇장도 맞들면 낫다, 초지장도 맞들면 낫다

속담 톡톡!

○ "백지장도 맞들면 낫다고 장바구니를 한쪽씩 나눠서 들자."

벼 이삭은 익을수록 고개를 숙인다

현명한 사람일수록 남 앞에서 자기를 내세우지 않는다

벼는 곡식의 일종인 쌀이 열리는 풀이야. 처음에는 꼿꼿하게 서 있던 벼에 이삭이 패고 낟알이 익어 갈수록 벼는 앞으로 고개를 숙이듯 구부정한 모양이 돼.

(비) 낟알은 익을수록 고개를 숙인다

속담 톡톡!

- "벼 이삭은 익을수록 고개를 숙인다고 우리 반 1등은 항상 겸손해."

보기 좋은 떡이 먹기도 좋다
내용만큼 겉모습을 꾸미는 것도 필요하다

겉보기에 좋은 음식은 맛도 좋을 것 같지 않니? 겉모습만으로 섣부르게 판단하는 것은 옳지 않지만, 내면을 가꾸는 만큼 외면도 깔끔하게 정돈해야 사람들의 호감을 얻을 수 있어.

보기 좋은 떡이 먹기도 좋다고 동글동글 예쁘게 만들어야지!

신중

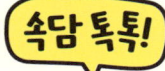

- "보기 좋은 떡이 먹기도 좋다고 선물을 예쁘게 포장하자."

세 살 적 버릇이 여든까지 간다

어릴 때 생긴 버릇은 나이가 들어도 고치기 힘들다

자꾸 반복하다 보니 몸에 밴 행동을 버릇이라고 해. 세 살 때 행동을 여든이 되어서까지 할 정도로 어린 나이에 생긴 습관은 쉽게 고쳐지지 않는다는 뜻이야.

㈂ 어릴 적 버릇은 늙어서까지 간다

- "세 살 적 버릇이 여든까지 간다더니 동생은 아직도 손톱을 물어뜯는다."

송충이는 솔잎을 먹어야 한다
자기 분수에 맞게 행동해야 한다

송충이는 온몸에 긴 털이 나 있는 솔나방의 애벌레야. 솔잎을 갉아 먹고 사는 송충이처럼 사람도 자신의 처지에 맞게 살아가야 탈이 나지 않아.

속담 톡톡!

- "송충이는 솔잎을 먹어야 한다고 수영이 서툰 나는 발차기 연습부터 할 거야."

시작이 반이다

무슨 일이든 일단 시작하면 해낼 수 있다

시작조차 하지 않는다면 아무것도 이룰 수가 없어. 따라서 어떤 일이든 시작했다면 이미 절반은 이룬 것과 다름없다는 뜻이야. 처음은 누구에게나 어렵기 마련이니 일단 용기를 내어 도전해 보자.

속담 톡톡!

○ "시작이 반이라고 오늘부터 피아노 연습을 하다 보면 한 달 뒤에는 곡 전체를 연주할 수 있겠지?"

싼 것이 비지떡

값이 싼 물건은 품질이 나쁘기 마련이다

비지떡은 두부를 만들고 남은 찌꺼기에 쌀가루나 밀가루를 넣고 반죽하여 부친 떡이야. 특별한 재료가 들어간 게 아니기 때문에 값이 저렴하고 맛도 평범하지. 이처럼 가격이 싼 데에는 그만한 이유가 있다는 뜻을 나타내는 속담이야.

속담 톡톡!

- "얼마 쓰지도 않은 볼펜이 벌써 고장 나다니 싼 것이 비지떡이네."

오르지 못할 나무는 쳐다보지도 마라

할 수 없는 일은 욕심내지 않는 게 좋다

내가 할 수 없는 일은 처음부터 시도하지 않는 편이 낫다는 말이야. 도전하는 태도는 물론 중요하지만, 애초에 불가능한 일이라면 깔끔하게 포기할 줄도 알아야 해.

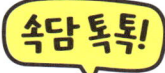

- "오르지 못할 나무는 쳐다보지도 말라고 나는 저렇게 높은 산을 등산할 수 없어."

웃는 낯에 침 못 뱉는다

좋게 대하는 사람을 나쁘게 상대하기 어렵다

활짝 웃는 표정은 사람을 기분 좋게 만들어. 누군가 잘못을 저질렀어도 웃는 얼굴로 사과한다면 아무래도 화를 내기가 어렵지. 이처럼 친근하게 행동하는 사람에게는 차마 모질게 대할 수 없다는 뜻이야.

㈜ 웃는 낯에 침 뱉으랴

속담 톡톡!

○ "웃는 낯에 침 못 뱉는다고 친해지고 싶은 친구에게 네가 먼저 인사해 봐."

윗물이 맑아야 아랫물이 맑다

윗사람이 잘하면 아랫사람이 따라서 잘하게 된다

물은 높은 쪽에서 낮은 쪽으로 흘러. 위쪽에 있는 물이 맑다면 아래쪽 물도 당연히 맑을 수밖에 없겠지? 윗사람이 본받을 만한 행동을 하면 아랫사람도 저절로 따라 하게 될 거야.

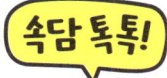

○ "윗물이 맑아야 아랫물이 맑다고 형처럼 동생도 참 예의가 바르구나."

입에 쓴 약이 병에는 좋다

당장 듣기 싫은 충고나 비판도 잘 받아들이면 이롭다

병을 고치거나 예방하기 위해 먹는 약은 대부분 맛이 써. 쓴맛이 느껴지는 약이 몸에는 좋은 것처럼 남에게 들은 쓴소리도 잘 귀담아들으면 나에게 큰 도움이 될 수 있어.

속담 톡톡!

◦ "입에 쓴 약이 병에는 좋다고 선생님의 말씀을 잘 새겨들어라."

작은 고추가 더 맵다

몸집이 작은 사람이 큰 사람보다 재주가 뛰어나고 야무지다

고추는 크기만으로 얼마나 매운지 짐작할 수 없어. 따라서 작은 고추가 큰 고추보다 훨씬 매울 때도 있지. 이처럼 덩치는 작아도 힘이 센 사람이 있듯이 사람을 겉모습으로 판단해서는 안 돼.

(비) 고추는 작아도 맵다, 후추는 작아도 맵다, 고추보다 후추가 더 맵다

속담 톡톡!

○ "작은 고추가 더 맵다고 우리 반에서 덩치가 가장 작은 지환이가 팔씨름을 제일 잘한다."

하나를 보고 열을 안다

한 부분만 보고 전체를 미루어 알다

일부를 보고 전체를 짐작하거나 판단한다는 뜻이야. 하지만 한 부분에 집중하다 보면 상황을 두루 살펴보지 못하고 놓치는 게 생길 때도 있지. 이렇게 융통성 없이 한 가지만 고집하는 사람에게는 '하나만 알고 둘은 모른다'라는 속담을 쓸 수 있어.

⠀비⠀ 하나를 알면 백을 안다

○ "하나를 보고 열을 안다고 사물함을 정리한 것만 봐도 네가 얼마나 깔끔한지 알겠다."

호랑이에게 물려 가도 정신만 차리면 산다

정신만 똑바로 차리면 위급한 상황도 해결할 수 있다

옛날 우리나라에는 호랑이가 많이 살고 있었어. 호랑이가 갑자기 나타나 사람을 위협하는 일도 많았대. 호랑이에게 물려 가는 것만큼 아주 위험한 상황이 생겨도 정신만 차리면 위기를 벗어날 방법을 찾을 수 있다는 뜻이야.

(비) 물에 빠져도 정신을 차려야 산다

속담 톡톡!

○ "호랑이에게 물려 가도 정신만 차리면 산다고 잠긴 문을 열 수 있는 방법이 분명히 있을 거야."

2장

인간관계에 관한 속담

가는 말이 고와야 오는 말이 곱다

내가 좋은 말이나 행동을 해야 남도 나를 좋게 대한다

다른 사람을 잘 대해 주면 그만큼 상대방도 나에게 친절을 베풀게 돼. 그러니까 남을 대할 때는 항상 예의를 지키자.

㊗ 가는 떡이 커야 오는 떡이 크다, 가는 정이 있어야 오는 정이 있다

속담 톡톡!

○ "가는 말이 고와야 오는 말이 곱지! 네가 먼저 놀렸으니까 나도 똑같이 장난친 거야."

가재는 게 편

비슷한 점이 많을수록 서로 잘 어울리고 감싸 주기 쉽다

가재와 게는 둘 다 몸이 단단한 껍질에 싸여 있고 집게발이 달린 갑각류야. 생김새가 닮은 만큼 공통점도 많지. 이처럼 비슷한 것끼리 함께 어울리며 서로의 편이 되어 주는 상황을 가리키는 속담이야.

🔴 검둥개는 돼지 편, 솔개는 매 편

속담 톡톡!

○ "**가재는 게 편**이라더니 둘이 같은 반 친구라고 서로 편들어 주는 거야?"

가지 많은 나무에 바람 잘 날이 없다

자식이 많은 부모는 걱정할 일이 많다

가지가 많은 나무는 잎이 무성하고, 가벼운 바람에도 나뭇잎이 흔들리면서 조용할 날이 없어. 자식이 많은 부모는 자식의 수만큼 챙겨야 하는 일이 많기 때문에 걱정과 근심이 끊이지 않는다는 뜻이야.

비 가지 많은 나무가 잠잠할 적 없다

속담 톡톡!

- "가지 많은 나무에 바람 잘 날이 없다더니 여섯 남매가 사는 윗집은 매일 시끄러워."

고래 싸움에 새우 등 터진다

강한 사람끼리 싸워서 상관없는 약한 사람이 피해를 입는다

덩치가 큰 고래끼리 바다에서 싸움이 나면 파도가 세지고 주변에 있던 새우에게 불똥이 튈 수 있어. 크기가 아주 작은 새우가 고래들 싸움에 상처를 입는 것처럼 힘센 사람들끼리 다투는 싸움에 힘없는 사람이 휘말릴 때 쓰는 속담이야.

속담 톡톡!

○ "고래 싸움에 새우 등 터진다고 말다툼을 하시는 부모님 사이에서 괜히 눈치가 보인다."

고양이한테 생선을 맡기다

어떤 일이나 사물을 믿지 못할 사람에게 맡겨 놓아 걱정스럽다

고양이한테 생선을 맡긴다면 단숨에 먹어 버릴 게 뻔해. 이처럼 믿지 못할 사람에게 무언가를 맡기고 마음이 놓이지 않을 때 쓰는 속담이야.

🔵 고양이보고 반찬 가게 지키라는 격이다

속담 톡톡!

○ "너한테 내 초콜릿을 맡길 바에야 고양이한테 생선을 맡기겠어."

굴러온 돌이 박힌 돌 뺀다

새로 들어온 사람이 원래 있던 사람을 내쫓는다

굴러온 돌이 원래 있던 돌을 밀어내고 자리를 차지하는 것처럼 외부에서 들어온 지 얼마 되지 않은 사람이 오래전부터 있던 사람을 내치거나 해를 입힌다는 뜻이야.

㉑ 굴러온 돌한테 발등 다친다

> 뭐? 늦게 와 놓고 창가 자리에 앉겠다고?

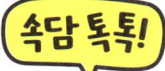

○ "굴러온 돌이 박힌 돌 뺀다고 새로 들어오자마자 축구팀 주장을 하겠다는 거야?"

남의 손의 떡은 커 보인다

남의 물건이 더 좋아 보이고 남의 일이 더 쉬워 보인다

똑같은 물건이라도 다른 사람이 갖고 있는 게 내 것보다 괜히 더 좋아 보일 때가 있어. 내가 가진 것에 만족하지 못하고 계속 욕심을 부리다 보면 괴로운 마음만 커질 뿐이야.

🔁 남의 손의 떡이 더 커 보이고 남이 잡은 일감이 더 헐어 보인다

속담 톡톡!

- "남의 손의 떡은 커 보인다더니 내가 맡은 바닥 청소보다 칠판 닦기가 더 쉬워 보이는걸."

닭 소 보듯

서로 아무런 관심이 없는 사이

닭과 소가 같은 공간에 있어도 함께 어울리지 않는 것처럼 무엇을 하든 전혀 신경 쓰지 않는 무관심한 사이를 뜻해.

⑪ 소 닭 보듯

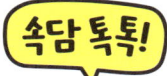

○ "어제 다툰 것 때문에 지금 나를 닭 소 보듯 하는 거야?"

되로 주고 말로 받는다

준 것보다 훨씬 많은 것을 받는다

'되'와 '말'은 옛날에 곡식을 담을 때 쓰던 그릇이자 부피를 재는 단위야. 한 말은 한 되보다 10배 더 많은 양을 나타내. 작은 행동이 큰 결과를 불러일으키거나 누군가를 괴롭힌 것보다 더 큰 앙갚음을 당할 때 이 속담을 쓸 수 있어.

속담 톡톡!

○ "**되로 주고 말로 받는다**더니 겨우 한 번 놀렸다고 이렇게 치사하게 복수하다니!"

먼 사촌보다 가까운 이웃이 낫다

멀리 사는 가족보다 가까운 이웃끼리 도움을 주고받기 쉽다

가족은 나와 가장 친밀한 관계지만, 멀리 떨어져 산다면 이웃보다도 만나기가 쉽지 않아. '이웃사촌'이라는 말처럼 가까이에 사는 사람끼리 어려운 일이 있을 때 서로 도와주며 사촌 형제와 다를 바 없는 돈독한 사이가 되기도 해.

⑪ 가까운 남이 먼 일가보다 낫다

속담 톡톡!

○ "먼 사촌보다 가까운 이웃이 낫다더니 옆집에 사는 할머니께서 김장한 김치를 나눠 주셨다."

미꾸라지 한 마리가 온 웅덩이를 흐려 놓는다

한 사람의 좋지 않은 행동이 여러 사람에게 나쁜 영향을 미친다

한 마리의 미꾸라지가 흙탕물을 일으켜서 웅덩이의 물을 온통 흐리게 만드는 것처럼 한 사람의 행동이 집단 전체나 여러 사람에게 좋지 않은 영향을 준다는 뜻이야.

비) 미꾸라지 한 마리가 한강 물을 다 흐리게 한다

속담 톡톡!

○ "미꾸라지 한 마리가 온 웅덩이를 흐려 놓는다고 네가 자꾸 소곤거리니까 다른 아이들도 떠들기 시작하잖아."

믿는 도끼에 발등 찍힌다

믿고 있던 사람에게 배신당하다

자주 사용하던 도끼로 나무를 베려다가 실수로 자신의 발등을 내리친다는 뜻이야. 이처럼 잘되리라 생각하던 일이 어긋나거나 굳게 믿고 있던 사람에게 배신을 당했을 때 사용하는 속담이지.

⑪ 믿던 발에 돌 찍힌다, 믿었던 돌에 발부리 채었다

> 같이 시험공부 안 하기로 해 놓고 혼자만 공부하다니…. 믿는 도끼에 발등 찍혔네.

○ "믿는 도끼에 발등 찍힌다더니 친한 친구인 나까지 깜빡 속였을 줄이야."

바늘 가는 데 실 간다
서로 매우 친밀한 사이

바늘과 실은 어느 한 가지만으로는 쓸모가 없어. 바늘에 실을 꿰어야 바느질을 할 수 있듯이 아주 긴밀한 관계에 있는 두 사람을 가리키는 말이야.

🔵 구름 갈 제 비가 간다, 바람 간 데 범 간다, 봉 가는 데 황 간다

속담 톡톡!

○ "바늘 가는 데 실 간다더니 너희 둘은 맨날 붙어 다니는구나."

숭어가 뛰니까 망둥이도 뛴다

남이 한다고 하니까 덩달아 나선다

펄쩍펄쩍 뛰어오르는 숭어를 따라 뛰는 망둥이처럼 아무 생각 없이 남을 그대로 따르거나 자신의 주제를 모르고 무작정 잘난 사람을 따라 하는 상황을 뜻해.

🔵 잉어가 뛰니까 망둥이도 뛴다, 망둥이가 뛰면 꼴뚜기도 뛴다

스키 못 탄다면서 왜 따라 올라왔어?

네가 하니까!

○ "숭어가 뛰니까 망둥이도 뛴다더니 수영할 줄도 모르면서 웬 다이빙이야?"

어물전 망신은 꼴뚜기가 시킨다

못난 사람일수록 같이 있는 다른 사람을 망신시킨다

어물전은 옛날에 생선이나 생선 말린 것을 팔던 가게야. 조그맣고 못생긴 꼴뚜기는 다른 생선에 비해 인기가 없어서 잘 팔리지 않았대. 어물전에 놓인 꼴뚜기처럼 못난 사람이 주변 사람의 체면까지 떨어지게 하는 경우를 나타내는 속담이지.

🔴 비 생선 망신은 꼴뚜기가 시킨다, 과물전 망신은 모과가 시킨다

속담 톡톡!

○ "어물전 망신은 꼴뚜기가 시킨다더니 네가 복도에 쓰레기를 버리니까 우리 반 전체가 꾸지람을 듣잖아."

열 길 물속은 알아도 한 길 사람의 속은 모른다

사람의 속마음은 헤아리기가 힘들다

'길'은 길이를 잴 때 쓰는 단위야. 아주 깊숙한 물속은 어떻게든 들여다볼 수 있지만, 사람의 마음속은 알아내기가 어렵다는 뜻이지.

(비) 천 길 물속은 알아도 한 길 사람의 속은 모른다

속담 톡톡!

- "열 길 물속은 알아도 한 길 사람의 속은 모른다고 네가 나 때문에 그렇게 속상해하는지 미처 몰랐어."

원수는 외나무다리에서 만난다

꺼리는 상대를 피할 수 없는 곳에서 우연히 마주치다

하나의 통나무로 놓은 외나무다리 양쪽에서 사람이 마주 온다면 중간에서 서로 마주칠 수밖에 없어. 이처럼 싫어하는 사람을 맞닥뜨려야 하는 예상치 못한 상황이 생기거나 남에게 악한 일을 저지르면 그 죄를 받을 때가 꼭 생긴다는 뜻이야.

🄑 외나무다리에서 만날 날이 있다

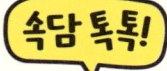

- "원수는 외나무다리에서 만난다더니 우리 팀과 라이벌 팀이 결승전을 치르게 되었어."

호랑이도 제 말 하면 온다

이야깃거리가 된 사람이 때마침 나타난다

깊은 산속에 사는 호랑이도 자기에 관한 이야기를 하면 찾아온다는 뜻으로, 자리에 없는 누군가에 관해 이야기하고 있는 도중에 우연히 그 사람이 나타날 때 쓰는 속담이야.

(비) 까마귀 제 소리 하면 온다

속담 톡톡!

○ "호랑이도 제 말 하면 온다더니 지금 네 이야기하는 거 어떻게 알고 나타났어?"

3장

뻔뻔한 행동을 꼬집는 속담

개구리 올챙이 적 생각 못 한다

지난날의 어려운 시절을 잊고 잘난 척하다

알에서 태어난 올챙이는 다리가 생기고 꼬리가 짧아지면서 개구리로 성장해. 물속에서만 헤엄치며 살던 올챙이가 개구리가 된 뒤에 이곳저곳을 폴짝 뛰어다니는 모습처럼 어려웠던 과거를 생각하지 않고 처음부터 잘난 듯 뽐내는 행동을 가리켜.

(비) 올챙이 적 생각은 못 하고 개구리 된 생각만 한다

> 자, 나처럼 이렇게 잘 타 봐.

> 너도 처음에는 엄청 넘어졌잖아!

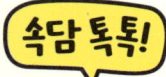

- "개구리 올챙이 적 생각 못 한다더니 성적이 올랐다고 너무 우쭐거리는 거 아니야?"

개도 주인을 알아본다

사람이라면 남의 은혜를 잊으면 안 된다

짐승인 개도 자기를 돌봐 준 주인을 기억하는데, 남에게 입은 은혜를 저버리고 배신하는 사람은 개만도 못하다는 뜻을 나타내는 속담이야.

(비) 개도 닷새가 되면 주인을 안다, 개도 제 주인을 보면 꼬리 친다

○ "개도 주인을 알아본다는데 내가 저번에 여름 방학 숙제 도와준 거 잊었어?"

냉수 먹고 이 쑤시기

실속 없이 허세를 부리다

물만 마셔서 이에 낀 것이 없는데, 맛있는 음식을 먹은 것처럼 이를 쑤신다는 뜻이야. 실상은 아무것도 없으면서 있는 체하는 상황을 나타내는 속담이지.

> 머릿속이 지식으로 꽉 찬 느낌이 아주 좋아.

> 냉수 먹고 이 쑤시니? 책 한 줄 읽어 놓고?

 속담 톡톡!

- "너도 이 게임 잘 못하면서 왜 자꾸 아는 척이야? 냉수 먹고 이 쑤시기 하지 마!"

눈 가리고 아웅

얕은수로 남을 속이려 한다

내 눈만 가린다고 해서 상대에게 내 모습을 감출 수는 없어. 이처럼 뻔히 보이는 수로 누군가를 속이려 하는 어설픈 행동을 일컫는 속담이야.

(비) 가랑잎으로 눈 가리고 아웅 한다, 머리카락 뒤에서 숨바꼭질한다

🗨️ **속담 톡톡!**

○ "청소는 안 하고 이불로 지저분한 물건들을 가려 놓다니 눈 가리고 아웅이잖아!"

달면 삼키고 쓰면 뱉는다

옳고 그름을 따지지 않고 자신의 이익만 좇는다

듣기 좋은 달콤한 말이나 자신에게 이득이 되는 것만 좋아하고 그렇지 않은 것은 피한다는 뜻이야.

㊗ 맛이 좋으면 넘기고 쓰면 뱉는다, 추우면 다가들고 더우면 물러선다

속담 톡톡!

○ "달면 삼키고 쓰면 뱉는다더니 음식만 맛있게 먹고 뒷정리를 하나도 안 했네!"

닭 잡아먹고 오리발 내놓기

나쁜 일을 저질러 놓고 모르는 체하다

닭을 잡아먹고 나서 엉뚱한 오리발을 내밀어 잘못을 숨기려 한다는 뜻이야. 자신이 저지른 일에 대해 뻔뻔하게 딴청을 피우는 태도를 가리키는 속담이지.

> 자, 내가 먹은 건 너의 초콜릿이 아니라 흙이야.

- "닭 잡아먹고 오리발 내놓지 마! 완성한 퍼즐을 네가 망쳐 놓은 거 다 알아."

떡 줄 사람은 꿈도 안 꾸는데 김칫국부터 마신다

해 줄 사람은 생각도 안 하는데 미리 기대한다

떡을 받지도 않았는데 떡과 함께 먹을 김칫국부터 먼저 마신다는 말이야. 누군가가 자신에게 해 주리라 착각하고 그 일이 다 된 것처럼 행동하는 사람에게 쓸 수 있는 속담이지.

비 떡방아 소리 듣고 김칫국 찾는다, 앞집 떡 치는 소리 듣고 김칫국부터 마신다

속담 톡톡!

- "내가 선물을 누구에게 줄지 알고 고맙다는 거야? 떡 줄 사람은 꿈도 안 꾸는데 김칫국부터 마시네!"

똥 묻은 개가 겨 묻은 개 나무란다

자신은 더 큰 흉이 있으면서 남을 흉본다

'겨'는 벼나 보리 같은 곡식을 찧어 벗겨 낸 껍질을 말해. 냄새나고 더러운 똥이 묻은 개가 겨 묻은 개를 흉보는 것처럼 자신의 허물은 생각하지 않고 남의 작은 결점을 지적한다는 뜻이야.

비) 그슬린 돼지가 달아맨 돼지 타령한다, 똥 묻은 접시가 재 묻은 접시를 흉본다

속담 톡톡!

○ "**똥 묻은 개가 겨 묻은 개 나무란다**더니 거실이 지저분하다고 불평하기 전에 더러운 네 방부터 청소해!"

못 먹는 감 찔러나 본다

제 것으로 만들지 못한다면 남도 갖지 못하게 망친다

감 껍질은 연약해서 손가락으로 푹 찌르면 움푹 파여. 내가 먹지 못하는 감을 일부러 망쳐 놓는 것처럼 자기가 가질 수 없는 것을 남도 갖지 못하도록 방해하는 심술궂은 마음을 뜻해.

⑪ 못 먹는 밥에 재 집어넣기, 못 먹는 호박 찔러 보는 심사

속담 톡톡!

○ "못 먹는 감 찔러나 본다더니 달리기에서 질 것 같다고 다른 친구의 길을 막으면 안 되지."

못된 송아지 엉덩이에 뿔이 난다

됨됨이가 좋지 않은 사람이 나쁜 짓을 일삼는다

머리에 솟아야 할 뿔이 엉덩이에 난다면 정말 이상하겠지? 성질이 고약한 사람이 계속해서 엇나가는 짓을 하는 것도 다른 사람들의 눈살을 찌푸리게 만드는 일이야.

(비) 못된 벌레 장판방에서 모로 긴다

저런 게 바로 **못된 송아지 엉덩이에 뿔이 난** 거야.

단체 사진을 일부러 망치다니!

속담 톡톡!

○ "못된 송아지 엉덩이에 뿔이 난다더니 너는 맨날 싫어하는 별명으로 나를 부르더라?"

물에 빠진 놈 건져 놓으니까 내 봇짐 내라 한다

남에게 은혜를 입고도 오히려 생트집을 잡는다

위험을 무릅쓰고 물에 빠진 사람을 구해 주었는데, 고마워하기는커녕 등에 지고 있던 자신의 짐을 찾아내라고 닦달한다면 정말 황당하겠지? 이처럼 남이 베풀어 준 은혜를 고마워할 줄 모르고 트집을 부리는 경우를 나타내는 속담이야.

㈂ 물에 빠진 놈 건져 놓으니까 망건값 달라 한다

속담 톡톡!

○ "도와 달라고 할 때는 언제고 나 때문에 그림을 망쳤다니 물에 빠진 놈 건져 놓으니까 내 봇짐 내라 하네?"

바늘 도둑이 소도둑 된다

자그마한 나쁜 일을 자꾸 하다 보면 큰 죄를 저지르게 된다

바늘처럼 사소한 물건을 훔치는 좀도둑이 결국에는 소를 훔치는 큰 도둑이 된다는 뜻이야. 나쁜 짓을 자꾸 벌이다 보면 버릇이 되어 나중에는 큰 죄를 저지르는 사람이 될 수도 있어.

(비) 바늘 쌈지에서 도둑이 난다

속담 톡톡!

○ "바늘 도둑이 소도둑 된다고 아무리 작은 물건이라도 주인에게 꼭 허락을 받고 사용해야 해."

방귀 뀐 놈이 성낸다

잘못을 저지른 사람이 도리어 화를 낸다

자기가 방귀를 뀌어 놓고 오히려 남에게 발끈한다는 뜻으로, 잘못을 저지른 쪽이 큰소리치는 뻔뻔한 상황을 나타내는 속담이야.

(비) 똥 싸고 성낸다

속담 톡톡!

○ "방귀 뀐 놈이 성낸다더니 네가 늦게 와서 기차를 놓친 건데 왜 화를 내니?"

벼룩도 낯짝이 있다

사람이라면 염치가 있어야 한다

낯짝은 얼굴을 뜻하기도 하지만 체면을 가리키는 말이기도 해. 아주 작은 벼룩조차 낯짝이 있는데, 사람이라면 체면이 없어서는 안 되겠지? 염치가 없는 뻔뻔스러운 사람을 나무랄 때 쓰는 속담이야.

속담 톡톡!

○ "**벼룩도 낯짝이 있는데** 내가 음식을 만들었으니 설거지는 네가 해라."

병 주고 약 준다

남에게 해를 끼쳐 놓고 도와주는 척한다

남에게 피해를 끼치고 선심을 쓰듯 도와주는 척한다는 뜻으로, 교활하고 엉큼한 행동을 하는 사람에게 쓸 수 있는 속담이야.

(비) 등 치고 배 만진다

속담 톡톡!

- "네가 나를 넘어뜨렸으면서 걱정하는 척이라니 병 주고 약 주는 거야?"

불난 집에 부채질한다

남의 재앙을 더 크게 만들거나 성난 사람의 화를 돋우다

불난 곳에 부채질로 바람을 일으키면 불길은 점점 더 커져. 불을 끄는 데 도움이 되기는커녕 오히려 불을 번지게 만드는 것처럼 어려움을 겪고 있는 사람을 더욱 곤란하게 해서 화를 키운다는 뜻이야.

🅑 불난 데 풀무질한다, 끓는 국에 국자 휘젓는다

속담 톡톡!

○ "불난 집에 부채질하는 것처럼 자꾸 내 실수를 들먹이지 마!"

빈 수레가 요란하다

실속 없는 사람이 겉으로 더 떠벌린다

바퀴로 굴러가는 수레는 짐을 싣지 않고 움직이면 덜컹덜컹 소리가 나. 아무것도 없는 수레가 짐을 실은 수레보다 더 요란한 소리가 나는 것처럼 무식한 사람일수록 오히려 시끄럽게 떠들어 댄다는 뜻이야.

🔴 비 속이 빈 깡통이 소리만 요란하다

속담 톡톡!

○ "빈 수레가 요란하다더니 한 번도 점수를 못 냈으면서 덩크 슛을 넣겠다고 큰소리치기는!"

재주는 곰이 넘고 돈은 주인이 받는다

애쓴 사람 대신에 다른 사람이 대가를 받는다

재주는 곰이 부리고 구경꾼들이 낸 돈은 주인이 챙긴다는 뜻이야. 고생하며 일한 사람은 따로 있는데, 엉뚱한 사람이 그에 대한 보답을 받을 때 쓰는 속담이지.

속담 톡톡!

- "재주는 곰이 넘고 돈은 주인이 받는다더니 심부름은 제가 했는데 왜 동생한테 용돈을 주시는 거예요?"

콩으로 메주를 쑨다 하여도 곧이듣지 않는다

사실대로 말해도 믿지 않는다

메주는 콩을 삶아서 찧은 다음, 덩어리로 뭉쳐서 말린 것이야. 간장, 된장, 고추장 같은 양념을 담글 때 사용하는 재료지. 콩으로 메주를 만든다는 사실을 믿지 않는 것처럼 있는 그대로를 말해도 의심하는 상황을 나타내는 속담이야.

🔴 소금으로 장을 담근다 해도 곧이듣지 않는다, 콩 가지고 두부 만든대도 곧이 안 듣는다

속담 톡톡!

○ "아까 알려 준 길이 지름길 맞다니까! 콩으로 메주를 쑨다 해도 곧이듣질 않네."

하룻강아지 범 무서운 줄 모른다

철없이 함부로 덤비다

하룻강아지는 태어난 지 얼마 안 된 어린 강아지를 뜻해. 호랑이가 얼마나 힘이 센지 모르고 겁 없이 달려드는 하룻강아지처럼 세상일에 서툰 사람이 철없이 나대거나 자기보다 강한 상대에게 대드는 경우를 가리키는 속담이야.

㈖ 범 모르는 하룻강아지, 비루먹은 강아지 대호를 건드린다

○ "**하룻강아지 범 무서운 줄 모른다**고 신인 선수가 지난 대회의 우승자를 라이벌로 지목했어."

4장

세상만사를 나타내는 속담

가는 날이 장날

어떤 일을 하려는 도중에 뜻하지 않은 일이 생기다

옛날에는 시장이 서는 장날이 따로 있었어. 보통 닷새마다 한 번씩 장이 열렸는데, 장날이 되면 여러 가지 물건을 사고파는 사람들로 북적거렸지. 일을 보러 간 날이 마침 장날이라는 뜻으로, 어떤 일을 하려다가 생각지 못한 다른 일이 벌어질 때 쓰는 속담이야.

(비) 가는 날이 생일, 오는 날이 장날

속담 톡톡!

○ "**가는 날이 장날**이라고 일부러 맛집을 찾아왔더니만 하필 가게가 쉬는 날이었네."

가랑비에 옷 젖는 줄 모른다
아무리 사소한 것도 반복되면 큰일이 된다

가늘게 내리는 비는 힘이 약해서 맞아도 옷이 젖는 게 잘 느껴지지 않아. 하지만 가랑비도 계속 맞다 보면 옷이 흠뻑 젖는 것처럼 사소한 일도 하나씩 쌓이다 보면 큰일로 변한다는 뜻이야.

○ "가랑비에 옷 젖는 줄 모른다고 매일 간식을 사 먹다 보니 어느새 용돈이 다 떨어졌어."

개똥도 약에 쓰려면 없다

평소에 흔하던 것도 막상 필요할 때는 구하기 어렵다

길가에서 자주 보던 개똥도 막상 찾으려고 하면 눈에 띄지 않는다는 뜻으로, 평소에 흔하고 많던 것도 쓸데가 있을 때는 구하기가 쉽지 않다는 말이야.

(비) 까마귀 똥도 약에 쓰려면 오백 냥이라, 쇠똥도 약에 쓰려면 없다

속담 톡톡!

○ "개똥도 약에 쓰려면 없다더니 그렇게 많던 지우개가 다 어디 갔지?"

금강산 구경도 식후경이라

무슨 일이든 배가 부른 뒤에 해야 즐겁다

금강산은 예로부터 아름답기로 유명한 산이야. 금강산처럼 멋진 풍경도 배가 고프면 눈에 잘 들어오지 않아. 이처럼 아무리 재미난 일도 배가 불러야 즐겁게 할 수 있다는 뜻이야.

⑪ 금강산 구경도 먹은 후에야 한다, 꽃구경도 식후사

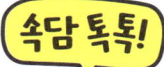

○ "금강산 구경도 식후경이라고 산에 오르기 전에 배부터 먼저 든든하게 채우자."

까마귀 날자 배 떨어진다

관련 없는 일이 동시에 일어나 억울한 의심을 받는다

까마귀가 날아가는데 때마침 배가 떨어진 것을 보고 까마귀가 배를 떨어뜨렸다고 오해하기 쉬워. 서로 관계없는 일이 우연히 비슷한 시기에 일어나서 어떤 관련이 있는 것처럼 의심받는 상황을 나타내는 속담이야.

속담 톡톡!

○ "**까마귀 날자 배 떨어진다**더니 의자에서 일어났을 뿐인데 내가 유리컵을 깼다고 의심하는 거야?"

누워서 떡 먹기

매우 쉽게 할 수 있는 일

편안하게 누워서 떡을 먹는 일은 누구나 큰 어려움 없이 할 수 있어. 노력하지 않아도 쉽고 간편하게 해낼 수 있는 일이라는 뜻이야.

🔵 누운 소 타기, 땅 짚고 헤엄치기, 식은 죽 먹기, 주먹으로 물 찧기

속담 톡톡!

○ "줄넘기를 잘하는 민규에게 100회 뛰기는 누워서 떡 먹기야!"

될성부른 나무는 떡잎부터 알아본다

잘될 사람은 어려서부터 티가 난다

떡잎은 씨앗에서 움이 트면서 맨 처음 나오는 잎을 말해. 떡잎을 보면 나무가 잘 자랄지 알 수 있는 것처럼 앞으로 크게 될 사람은 어릴 때부터 남다르다는 뜻이야.

(비) 잘 자랄 나무는 떡잎부터 안다, 나무 될 것은 떡잎 때부터 알아본다

속담 톡톡!

- "될성부른 나무는 떡잎부터 알아본다고 태권도 선수가 된 우리 형은 어릴 때부터 발차기를 잘했어."

뛰는 놈 위에 나는 놈 있다
아무리 재주가 뛰어나도 그보다 잘난 사람이 있다

걷는 것보다는 뛰는 게 더 빠르고, 뛰는 것보다는 하늘을 나는 게 더 빨라. 아무리 뛰어난 실력자라고 하더라도 그보다 더 재주 많은 사람이 있으니 우쭐거리지 말라는 뜻이야.

(비) 기는 놈 위에 나는 놈이 있다, 나는 놈 위에 타는 놈 있다

 속담 톡톡!

○ "**뛰는 놈 위에 나는 놈 있다**더니 마라톤 세계 신기록이 또 경신되었다."

모르면 약이요 아는 게 병

아무것도 모르는 게 오히려 마음이 더 편할 수 있다

아무것도 모른 채로 있으면 마음이 편하지만, 알면 알수록 이런저런 걱정거리가 생기기 마련이야. 어떤 일에 대해 조금 알고 있느니 차라리 전혀 모르는 편이 더 나을 때도 있어.

⑪ 모르는 것이 부처, 무지각이 상팔자, 아는 것이 병

속담 톡톡!

○ "어제 샀던 신발이 오늘은 반값 할인을 하네? 모르면 약이요 아는 게 병이라더니 마음이 찝찝해."

빛 좋은 개살구

겉만 그럴듯하고 실속이 없다

개살구는 살구와 비슷하게 생겼지만 맛은 시고 떫어. 겉보기에는 먹음직스러운 빛깔을 띠고 있지만 맛없는 개살구처럼 실속 없이 허울만 좋은 경우를 가리키는 속담이야.

비 속 빈 강정, 허울 좋은 수박

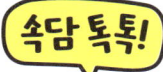

○ "아무리 예쁜 운동화라고 해도 발이 편하지 않으면 빛 좋은 개살구일 뿐이다."

사공이 많으면 배가 산으로 간다

참견하는 사람이 많으면 일이 제대로 되기 어렵다

사공은 배가 움직이도록 조종하는 사람을 말해. 여러 사람이 저마다 원하는 대로 배를 몰려고 하면 배가 물로 가지 못하고 엉뚱하게 산으로 올라간다는 뜻이야. 서로 자기주장만 내세워 일이 잘못된 방향으로 흘러가는 상황을 나타내는 속담이지.

속담 톡톡!

- "**사공이 많으면 배가 산으로 간다**고 반장 없이 학급 회의를 했더니 다들 자기가 하고 싶은 말만 하다가 시간이 다 지나갔다."

소문난 잔치에 먹을 것 없다
떠들썩한 소문과는 달리 실속이 없다

어떤 일이 기대에 미치지 못하거나 소문이 실제와 다를 때 쓸 수 있는 속담이야.
비) 소문난 잔치 비지떡이 두레 반이라, 이름난 잔치 배고프다

속담 톡톡!
- "**소문난 잔치에 먹을 것 없다**더니 인기 많은 영화라고 해서 기대했는데 별로 재미가 없네."

수박 겉 핥기

속 내용은 모르고 겉만 건드린다

수박은 단단한 껍질 안에 달콤한 속살이 있는 과일이야. 맛있는 수박의 속을 베어 물지 않고 겉껍질만 핥듯이 자세한 내용을 모른 채 대충 알고 넘어간다는 뜻이지.

(비) 꿀단지 겉 핥기

속담 톡톡!

○ "수박 겉 핥기식으로 공부하다 보면 머릿속에 남는 게 없어."

십 년이면 강산도 변한다

세월이 흐르면 모든 것이 달라진다

변하지 않을 것 같은 강과 산도 시간이 지나면 그 모습이 조금씩 바뀌는 것처럼 세월에 따라 모든 것이 변하게 된다는 뜻이야.

속담 톡톡!

- "**십 년이면 강산도 변한다**더니 어릴 적에 살던 동네가 몰라볼 정도로 바뀌었다."

아니 땐 굴뚝에 연기 날까

원인이 없으면 결과가 있을 수 없다

불을 때지 않으면 굴뚝에 연기가 날 리 없어. 이처럼 모든 일에는 반드시 그럴 만한 이유가 있다는 뜻이야. 주로 어떤 일이 있었기 때문에 사람들 사이에 소문이 돌거나 말이 나온다고 짐작할 때 쓰는 속담이지.

㈑ 뿌리 없는 나무에 잎이 필까, 아니 때린 장구 북소리 날까

속담 톡톡!

○ "라면 냄새가 나는 걸 보니 아빠가 야식을 드신 게 분명해. 아니 땐 굴뚝에 연기 날까?"

아닌 밤중에 홍두깨

갑자기 예상치 못한 일을 당하다

홍두깨는 옛날에 옷감을 부드럽게 만들기 위해 두드리던 나무 방망이야. 조용한 밤중에 누군가가 불쑥 홍두깨를 들고 찾아온다면 깜짝 놀라겠지? 이처럼 별안간 예상치 못한 일을 당하거나 또는 엉뚱한 말이나 행동을 하는 경우를 가리키는 속담이야.

⑪ 새벽 봉창 두들긴다, 어두운 밤에 주먹질, 어두운 밤중에 홍두깨

속담 톡톡!

○ "가장 먼저 결승선에 들어왔는데 실격이라니 이게 무슨 아닌 밤중에 홍두깨야?"

얌전한 고양이 부뚜막에 먼저 올라간다

겉으로 얌전해 보이는 사람이 자기 몫을 다 챙긴다

부뚜막은 옛날 부엌에서 아궁이 위에 가마솥을 걸어 놓는 평평한 곳이야. 조용하던 고양이가 음식을 넘보며 부뚜막에 올라가는 것처럼 얌전한 사람이 약삭빠른 행동으로 자기의 실속을 채우는 경우를 뜻해.

속담 톡톡!

○ "얌전한 고양이 부뚜막에 먼저 올라간다더니 수줍음 많던 네가 노래 경연 대회에 나가서 우승할 줄이야!"

엎어지면 코 닿을 데

매우 가까운 거리

서 있는 사람이 앞으로 넘어졌을 때 코가 닿을 정도로 거리가 매우 가깝다는 뜻이야.
(비) 넘어지면 코 닿을 데, 엎드러지면 코 닿을 데

속담 톡톡!

○ "편의점은 우리 집에서 엎어지면 코 닿을 데에 있다."

원숭이도 나무에서 떨어진다

능숙한 사람도 실수할 때가 있다

나무를 잘 타는 원숭이도 어쩌다 한 번씩 나무에서 떨어질 때가 있는 것처럼 어떤 일을 익숙하게 잘하는 사람이라도 가끔 실수할 때가 있다는 뜻이야.

비 나무 잘 타는 잔나비 나무에서 떨어진다, 닭도 홰에서 떨어지는 날이 있다

속담 톡톡!

○ "원숭이도 나무에서 떨어진다더니 축구를 잘하는 네가 웬일로 헛발질이야?"

자라 보고 놀란 가슴 솥뚜껑 보고 놀란다

무엇을 보고 놀란 사람은 비슷한 것만 봐도 겁낸다

자라를 보고 놀란 사람은 자라의 등딱지와 비슷하게 생긴 솥뚜껑만 봐도 무서울 수 있어. 이처럼 어떤 것을 보고 놀란 사람은 그와 비슷한 모양만 봐도 화들짝 놀라게 돼.

비) 더위 먹은 소 달만 보아도 헐떡인다, 뜨거운 물에 덴 놈 숭늉 보고도 놀란다

속담 톡톡!

○ "자라 보고 놀란 가슴 솥뚜껑 보고 놀란다고 얼마 전 동생이 독감을 심하게 앓은 이후로 기침할 때마다 가족들이 걱정해."

콩 심은 데 콩 나고 팥 심은 데 팥 난다

모든 일은 원인에 따라 결과가 나타난다

콩을 심은 곳에 콩이 아닌 팥이 날 리가 없겠지? 모든 일은 원인에 따라 그에 맞는 결과가 생긴다는 뜻이야.

㈜ 배나무에 배 열리지 감 안 열린다, 가시나무에 가시가 난다

속담 톡톡!

○ "콩 심은 데 콩 나고 팥 심은 데 팥 난다더니 열심히 공부한 만큼 성적이 많이 올랐구나!"

황소 뒷걸음치다가 쥐 잡는다

무언가를 우연히 이루게 되거나 알아맞히다

황소가 뒤로 물러서다가 뜻하지 않게 쥐를 잡게 되는 경우처럼 우연한 행동이 기대하지 않았던 좋은 결과를 가져올 때 쓸 수 있는 속담이야.

㈐ 소 밭에 쥐 잡기, 황소 뒷걸음에 잡힌 개구리

속담 톡톡!

○ "**황소 뒷걸음치다 쥐 잡는다**더니 갑자기 튀어나온 고양이를 보고 깜짝 놀라서 딸꾹질이 멈췄어."

5장

어려운 처지를 표현하는 속담

갈수록 태산

점점 더 힘든 일이 생기다

태산은 높고 큰 산을 말해. 가면 갈수록 오르기 힘든 태산이 나타나는 것처럼 일이 진행될수록 점점 더 어려운 문제가 닥칠 때 쓰는 속담이야.

속담 톡톡!

- "방 청소를 할수록 쓰레기가 쏟아져 나오니 갈수록 태산이다."

고양이 목에 방울 달기

행동으로 옮기지 못할 일을 쓸데없이 의논한다

쥐들이 고양이를 피하기 위해 딸랑딸랑 울리는 방울을 고양이 목에 달자고 의견을 모았지만, 정작 이 일을 하려고 나서는 쥐가 없었다는 이야기에서 비롯한 속담이야.

속담 톡톡!

○ "고양이 목에 방울 달기라더니 학급 규칙을 정했는데 아무도 실천하지 않아."

낫 놓고 기역 자도 모른다
아주 무식하다

낫은 곡식이나 풀을 벨 때 쓰는 농기구야. 기역(ㄱ) 자 모양처럼 휘어져 있는 낫을 눈앞에 두고 기역 자가 어떻게 생겼는지 모른다는 뜻으로, 아주 무식한 사람을 가리킬 때 쓰는 속담이지.

㊉ 기역 자 왼 다리도 못 그린다

속담 톡톡!
- "낫 놓고 기역 자도 모른다더니 이렇게 쉬운 문제를 틀리면 어떡해?"

내 코가 석 자

자기 일이 급해서 남을 돌볼 여유가 없다

이 속담에서 말하는 코는 콧물을 뜻해. 콧물이 석 자, 약 1미터 가까이 늘어져 있어서 제 앞가림을 못하는 상태로, 남을 도와줄 형편이 되지 못하는 상황을 나타내.

속담 톡톡!

- "나도 아직 숙제를 못 끝내서 내 코가 석 자라 너를 도와줄 수가 없어."

달걀로 바위 치기

맞서 싸워도 도저히 이길 수 없는 일

달걀로 바위를 내리치면 연약한 달걀만 깨질 뿐이야. 달걀로 단단한 바위를 깰 수 없는 것처럼 아무리 대항해도 절대 이길 수 없는 경우를 가리키는 속담이지.

㉑ 계란으로 바위 치기, 바위에 달걀 부딪치기, 바위에 머리 받기

속담 톡톡!

○ "태권도를 배운 지 일주일 만에 6학년 형과 겨루기 시합을 하는 건 달걀로 바위 치기야."

닭 쫓던 개 지붕 쳐다보듯

애쓰던 일이 실패해 아쉽다

개에게 쫓기던 닭이 지붕으로 날아 올라가 버리면 개는 지붕만 쳐다볼 수밖에 없어. 이처럼 애써 하던 일이 실패로 돌아가거나 어찌할 도리가 없어 허무한 상황을 나타내는 속담이야.

🄫 닭 쫓던 개 먼 산 쳐다보듯, 닭 쫓던 개 울타리 넘겨다보듯

속담 톡톡!

○ "직접 만든 케이크를 들고 가다가 바닥에 엎어서 닭 쫓던 개 지붕 쳐다보듯 서 있었다."

도둑이 제 발 저리다

잘못을 저지른 사람은 마음이 조마조마하다

도둑은 자신의 죄를 들킬까 봐 마치 발이 찌릿찌릿 저리듯 마음이 불안할 거야. 이처럼 나쁜 짓을 한 사람은 아무도 눈치 주지 않아도 혼자 전전긍긍하게 돼.

비 도적은 제 발이 저려서 뛴다

속담 톡톡!

- "숙제를 안 했더니 도둑이 제 발 저린다고 선생님께서 내 이름을 부르실 때 깜짝 놀랐어."

마른하늘에 날벼락

뜻하지 않은 상황에서 당하는 큰 재난

맑게 갠 하늘에 느닷없이 치는 벼락처럼 예상치 못한 상황에서 겪은 큰 불행이나 재난을 뜻해.

비 마른하늘에 생벼락, 마른하늘에 벼락 맞는다

속담 톡톡!

○ "길을 지나는데 갑자기 새똥을 맞다니 이게 무슨 마른하늘에 날벼락이야!"

물에 빠지면 지푸라기라도 잡는다

급한 상황에서는 무엇이든 의지하게 된다

물에 빠진 사람은 살기 위해 허우적대며 무엇이든 붙잡게 돼. 설령 그게 손으로 움켜쥐면 금방 부스러지는 지푸라기라고 해도 말이지. 위급한 상황이 닥치면 도움받을 곳을 찾게 되는 게 사람 마음인 거야.

(비) 물에 빠지면 지푸라기라도 움켜쥔다

속담 톡톡!

- "물에 빠지면 지푸라기라도 잡는다더니 무서운 영화를 보다가 너무 오싹해져서 강아지를 끌어 안았다."

배보다 배꼽이 더 크다

기본보다 덧붙은 게 더 많거나 크다

배 한가운데에 있는 자그마한 배꼽은 절대로 배보다 클 수 없어. 이처럼 마땅히 작아야 할 게 더 큰 것처럼 크기나 비중이 서로 뒤바뀌어 있는 경우를 나타내는 속담이야.

비 몸보다 배꼽이 더 크다, 발보다 발가락이 더 크다

와아⋯.
선물보다 선물 상자가 더 크잖아?

속담 톡톡!

"음식값보다 배달비가 더 많이 나오다니 배보다 배꼽이 더 큰걸?"

소 잃고 외양간 고친다

일이 잘못된 뒤에는 손을 써도 소용이 없다

소를 도둑맞고 나서 허물어진 외양간을 고쳐 봐야 잃어버린 소를 되찾을 순 없어. 이미 벌어진 일을 뒤늦게 바로잡으려고 해도 소용없다는 뜻으로, 애초에 일이 잘못되지 않도록 미리 조심하고 준비하자는 교훈이 담겨 있지.

⑪ 말 잃고 외양간 고친다, 도둑맞고 사립 고친다

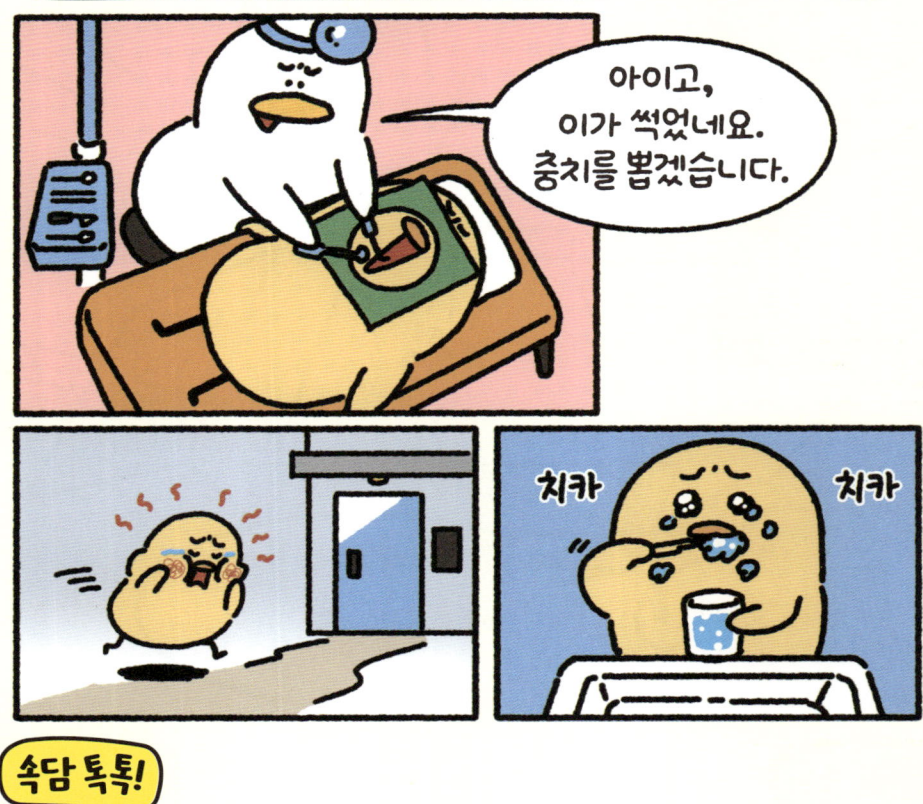

속담 톡톡!

○ "**소 잃고 외양간 고친다**더니 잎이 다 말라비틀어지도록 내버려두다가 이제야 물을 주는 거야?"

쇠귀에 경 읽기
아무리 가르쳐도 알아듣지 못한다

경은 옛날에 선비들이 공부하기 위해 읽던 책을 말해. 소의 귀에 대고 경을 하나하나 읽어 주어도 사람 말귀를 못 알아듣는 소는 아무것도 이해할 수 없겠지? 이처럼 아무리 가르치고 일러 주어도 상대방이 알아듣지 못하는 경우를 가리키는 속담이야.

(비) 말 귀에 염불, 쇠코에 경 읽기

속담 톡톡!

○ "밥을 먹고 나면 바로 설거지를 하라고 그렇게 말해도 쇠귀에 경 읽기가 따로 없네."

언 발에 오줌 누기

급하게 해결하려다가 오히려 상황이 더 나빠진다

꽁꽁 얼어 있는 발을 녹이려고 그 위에 오줌을 누면 잠깐은 따뜻할 수 있어도 얼마 지나지 않아 오줌까지 얼어붙게 돼. 이처럼 급하게 마련한 해결책이 오래가지 못하거나 오히려 상황을 더 악화시킬 때 쓸 수 있는 속담이야.

○ "언 발에 오줌 누기처럼 벼락치기로 공부하면 오히려 더 헷갈릴 수가 있어."

우물 안 개구리
아는 것이 적어 시야가 좁은 사람

우물 안에 들어가 있는 개구리는 자기가 바라보는 하늘이 세상의 전부라고 믿어. 우물 밖 넓은 세상을 모르고 살아가는 개구리처럼 아는 것이 적고 자기만 잘난 줄 아는 사람을 일컫는 속담이야.

속담 톡톡!

- "여행하면서 다양한 나라의 사람을 만나고 나니까 그동안 내가 우물 안 개구리였다는 걸 깨달았어."

울며 겨자 먹기

싫은 일을 억지로 하다

먹기 싫은 겨자를 울면서 꾸역꾸역 먹는 것처럼 내키지 않은 일을 어쩔 수 없이 해야 하는 괴로운 상황을 뜻해.

(비) 눈물 흘리면서 겨자 먹기

속담 톡톡!

○ "개학이 코앞으로 다가오자 울며 겨자 먹기로 방학 숙제를 해치웠다."

재수 없는 놈은 자빠져도 코가 깨진다

하는 일마다 잘 풀리지 않는다

중심을 잃고 뒤로 쓰러졌는데 코를 다치는 일은 흔치 않아. 일이 안되려면 모든 일이 잘 풀리지 않고 큰 불행까지 겪게 될 수도 있다는 뜻이야.

비 재수 없는 포수는 곰을 잡아도 웅담이 없다

속담 톡톡!

○ "재수 없는 놈은 자빠져도 코가 깨진다더니 내가 고른 자전거가 고장 나서 혼자 공원에서 친구들을 기다릴 수밖에 없었어."

토끼 둘을 잡으려다가 하나도 못 잡는다

한 번에 여러 일을 욕심내면 하나도 제대로 이루지 못한다

한꺼번에 토끼 두 마리를 잡으려고 쫓다 보면 한 마리도 잡지 못하고 전부 놓칠 수 있어. 욕심을 부려서 여러 가지 일을 동시에 하다가는 어느 하나도 제대로 이룰 수 없다는 뜻이야.

속담 톡톡!

○ "토끼 둘을 잡으려다가 하나도 못 잡는다고 친구들과 놀러 나갈 건지 시험공부할 건지 정하자."

하늘의 별 따기

이루기가 매우 어려운 일

밤하늘을 반짝이는 별은 아주 멀리 떨어져 있어. 별을 손으로 잡아떼는 것만큼 불가능해 보인다는 뜻으로, 이루기가 무척 힘든 일을 가리키는 속담이야.

기다려!

그건 나한테 **하늘의 별 따기**만큼 어려운 일이야….

- "그 뮤지컬은 인기가 너무 많아서 티켓을 구하는 게 하늘의 별 따기야."

6장

용기와 희망을 주는 속담

고생 끝에 낙이 온다

어렵고 힘든 일을 겪고 나면 좋은 일이 생긴다

괴로움을 견디고 고생한 뒤에는 즐겁고 좋은 일이 생기기 마련이라는 뜻이야.
㈘ 태산을 넘으면 평지를 본다

속담 톡톡!

○ "열심히 텃밭을 가꿨더니 고생 끝에 낙이 온다는 말처럼 싱싱한 상추를 수확했다."

공든 탑이 무너지랴

최선을 다하면 그 결과가 헛되지 않다

공들여서 쌓은 탑은 쉽게 무너지지 않는 것처럼 정성을 다해 노력하면 반드시 좋은 결과를 얻게 될 거야.

사소한 오해로 다퉜지만, 우리가 그동안 우정으로 쌓은 공든 탑은 이 정도로 무너지지 않아!

속담 톡톡!

- "공든 탑이 무너지랴? 그동안 땀 흘려 노력한 만큼 결승전에서도 우리의 실력을 발휘할 수 있을 거야."

구더기 무서워 장 못 담글까

방해되는 것이 있어도 마땅히 할 일은 해야 한다

간장, 고추장, 된장 등을 담가 항아리에 넣어 두면 그 안에 종종 구더기가 생기곤 해. 구더기가 생길까 봐 걱정된다고 우리 음식에 꼭 필요한 장을 안 만들 수는 없겠지? 작은 어려움 때문에 해야 할 일을 포기해서는 안 돼.

ⓑ 가시 무서워 장 못 담그랴, 쉬파리 무서워 장 못 만들까, 장마가 무서워 호박을 못 심겠다

속담 톡톡!

○ "옷이 더러워질까 봐 요리를 안 하겠다니 **구더기 무서워 장 못 담글까?**"

굼벵이도 구르는 재주가 있다

보잘것없는 사람도 한 가지 재주는 있다

바닥을 느릿느릿 기어다니기만 하는 굼벵이도 데굴데굴 구르는 재주가 있어. 아무런 능력이 없어 보이는 사람도 잘하는 일이 하나쯤은 있다는 뜻이야.

속담 톡톡!

- "**굼벵이도 구르는 재주가 있다**더니 체육이라면 모조리 못하는 줄 알았던 내가 멀리뛰기만큼은 잘한다."

길고 짧은 것은 대어 보아야 안다

실제로 겨뤄 보아야 실력을 알 수 있다

누가 크고 작은지, 잘하고 못하는지는 어림짐작만으로 알 수 없어. 직접 겨뤄 보아야만 진짜 실력을 알 수 있는 법이야.

(비) 길든 짧든 대보아야 한다

속담 톡톡!

○ "키가 크다고 해서 다 농구를 잘하는 건 아니야. 길고 짧은 것은 대어 보아야 알지!"

꿩 대신 닭

적당한 것이 없어 비슷한 것으로 대신하다

옛날에 꿩고기는 귀한 음식이었대. 구하기 어려운 꿩 대신에 쉽게 얻을 수 있는 닭으로 음식을 만든다는 뜻으로, 꼭 적당한 것이 없어서 그와 비슷한 것으로 대신할 때 쓰는 속담이야.

(비) 봉 아니면 꿩이다

속담 톡톡!

○ "먹고 싶었던 소금빵이 다 팔려서 꿩 대신 닭이라고 초코빵을 골랐어."

목마른 놈이 우물 판다

가장 급한 사람이 서두른다

가장 목마른 사람이 물을 구하려고 앞장서서 우물을 판다는 말이야. 어떤 일이 필요하고 급한 사람일수록 가장 먼저 나서게 돼.

🔵 갑갑한 놈이 우물 판다, 갑갑한 놈이 송사한다, 답답한 놈이 송사한다

> 나만 더운 거야? 에어컨 좀 켜자.

> 참을 만해.

> 귀찮다….

> 어휴, 내가 켠다!

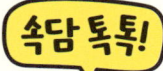 **속담 톡톡!**

○ "아무도 라면을 끓이려고 하지 않으니 **목마른 놈이 우물 판다**고 배고픈 내가 할 수밖에 없군."

무쇠도 갈면 바늘 된다

꾸준히 노력하면 어려운 일도 이룰 수 있다

단단한 무쇠를 계속 갈다 보면 언젠가는 뾰족한 바늘이 될 수 있다는 뜻이야. 포기하지 않고 꾸준히 노력하다 보면 아무리 어려운 일도 해낼 수 있어.

속담 톡톡!

- "무쇠도 갈면 바늘 된다고 매일 영어 단어를 10개씩 외우다 보면 언젠가 영어로 술술 말할 수 있겠지?"

서당 개 삼 년에 풍월을 읊는다

자주 접하다 보면 지식과 경험이 쌓인다

서당에 살면서 매일 공부하는 소리를 듣다 보면 개조차도 글 읽는 소리를 낸다는 뜻이야. 어떤 분야에 대해 아무것도 모르는 사람이라도 오래 접하다 보면 견문이 넓어지고 할 줄 아는 게 생기기 마련이지.

🈯 독서당 개가 맹자 왈 한다

속담 톡톡!

○ "서당 개 삼 년에 풍월을 읊는다고 야구를 좋아하는 우리 아빠 덕분에 나도 야구에 빠삭하다."

쇠뿔도 단김에 빼랬다

마음먹은 일은 곧바로 행동해야 한다

단단히 박힌 소의 뿔을 뽑으려면 불로 달구어 놓은 김에 해치워야 한다는 뜻으로, 어떤 일이든 하고자 하는 마음이 들었을 때 망설이지 말고 바로 실행하라는 말이야.

(비) 단김에 소뿔 빼듯

속담 톡톡!

○ "쇠뿔도 단김에 빼랬다고 모처럼 휴일을 맞았으니 다 같이 대청소를 하자."

열 번 찍어 아니 넘어가는 나무 없다

어떤 일이든 계속 도전하면 뜻을 이루게 된다

열 번이나 도끼로 찍어 내리면 어떤 나무든 쓰러뜨릴 수 있다는 말이야. 아무리 뜻이 굳은 사람이라도 계속 꼬드기면 마음을 바꿀 수 있고, 아무리 어려운 일도 포기하지 않고 계속 노력하다 보면 마침내 이루어질 거야.

속담 톡톡!

- "열 번 찍어 아니 넘어가는 나무 없다"고 유진이를 끈질기게 설득해서 같이 미술 동아리에 들기로 했다."

우물을 파도 한 우물을 파라
어떤 일이든 한 가지를 꾸준히 해야 성공할 수 있다

물을 길어 올리는 우물을 만들기 위해서는 땅을 파야 해. 지하수가 있는 깊숙한 곳까지 닿으려면 여러 곳을 파헤치는 것보다 한군데를 계속 파는 게 좋지. 이처럼 이것저것 여러 일을 벌이기보다는 한 가지 일만 집중해서 노력하는 게 성공하기가 더 쉬워.

속담 톡톡!

○ "피아노 치는 게 어려워서 바이올린을 배우고 싶다고? 우물을 파도 한 우물을 파라고 피아노 연습부터 꾸준히 해 봐!"

쥐구멍에도 볕 들 날 있다
고생만 하던 사람에게도 좋은 일이 생길 때가 온다

쥐가 드나드는 작고 어두운 구멍에도 따사로운 볕이 들 때가 있는 것처럼 어렵고 고된 일을 겪고 있는 사람에게도 운수가 좋은 날이 찾아온다는 뜻이야.

🔵 개똥밭에 이슬 내릴 때가 있다, 고랑도 이랑 될 날 있다

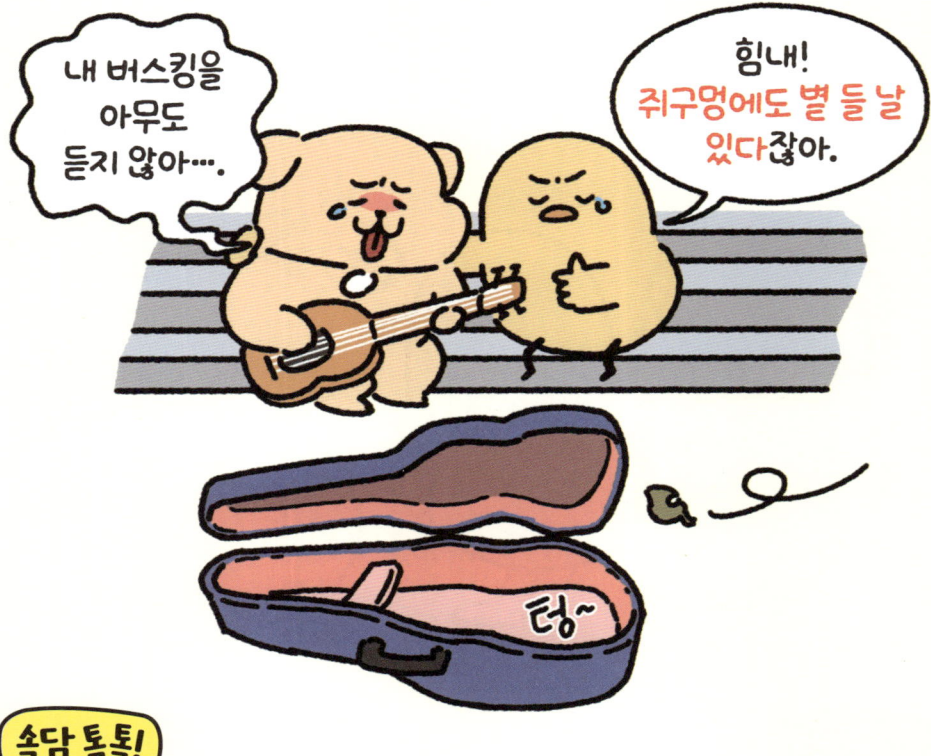

속담 톡톡!

○ "**쥐구멍에도 볕 들 날 있다**더니 오랫동안 작가 지망생이었던 삼촌이 드디어 공모전에 당선되었대."

지렁이도 밟으면 꿈틀한다
누구든 무시당하면 가만있지 않는다

보잘것없는 지렁이도 밟으면 꿈틀하면서 반응한다는 말로, 아무리 순한 사람이라도 업신여기면 가만있지 않고 대들게 된다는 뜻이야.

㈜ 굼벵이도 밟으면 꿈틀한다, 지나가는 달팽이도 밟으면 꿈틀한다

속담 톡톡!

○ "달리기가 느리다고 자꾸 나를 놀리는데 열심히 연습해서 지렁이도 밟으면 꿈틀한다는 걸 보여 주겠어!"

짚신도 제짝이 있다

누구나 자신에게 맞는 짝이 있다

볏짚으로 만들어진 짚신은 옛날 사람들이 흔하게 신던 신발이야. 보잘것없는 짚신도 짝을 이루고 있는 것처럼 아무리 못나더라도 누구나 자기에게 어울리는 짝이 있다는 뜻이지.

비 헌 고리도 짝이 있다

속담 톡톡!

○ "짚신도 제짝이 있다더니 언니는 자신의 까다로운 입맛을 알아주는 친구가 생겼다며 기뻐했다."

천 리 길도 한 걸음부터

어떤 일이든 시작이 중요하다

'리'는 거리를 재는 단위로, 천 리 길은 약 400킬로미터에 달하는 아주 긴 거리야. 이렇게 먼 길을 떠나는 여정도 첫걸음을 떼야 출발할 수 있듯이 무슨 일이든 일단 작은 것부터 시작하면 결국 해낼 수 있어.

속담 톡톡!

○ "천 리 길도 한 걸음부터라고 운동을 시작하기 전에 스트레칭부터 먼저 하는 게 좋아."

티끌 모아 태산

아무리 작은 것도 모이면 큰 것이 된다

작은 먼지 조각인 티끌도 모이면 높고 큰 산을 이루게 된다는 뜻으로, 아무리 사소한 것도 쌓이면 큰 것이 된다는 말이지. 조금씩이라도 계속 노력하다 보면 어느덧 큰일을 해내는 단단한 힘이 길러질 거야.

🔵 먼지도 쌓이면 큰 산이 된다, 모래알도 모으면 산이 된다, 실도랑 모여 대동강이 된다

속담 톡톡!

○ "티끌 모아 태산이라고 잔돈으로 받은 동전을 저금통에 차곡차곡 모았더니 큰돈이 됐어."

하늘은 스스로 돕는 자를 돕는다

어떤 일을 이루려면 자신의 노력이 중요하다

성공하기 위해 스스로 노력하는 사람은 하늘도 나서서 도와준다는 말로, 무언가를 이루기 위해서는 자신의 노력이 무엇보다 중요하다는 뜻이야.

스스로 노력하는 친구에게는 하늘도 이렇게 멋진 행운을 보내 준대.

속담 톡톡!

○ "하늘은 스스로 돕는 자를 돕는다고 축구 선수가 되기 위해 매일 훈련하고 있어."

찾아보기

가는 날이 장날 82
가는 말이 고와야 오는 말이 곱다 40
가랑비에 옷 젖는 줄 모른다 83
가재는 게 편 41
가지 많은 나무에 바람 잘 날이 없다 42
갈수록 태산 106
개구리 올챙이 적 생각 못 한다 60
개도 주인을 알아본다 61
개똥도 약에 쓰려면 없다 84
고래 싸움에 새우 등 터진다 43
고생 끝에 낙이 온다 126
고양이 목에 방울 달기 107
고양이한테 생선을 맡기다 44
공든 탑이 무너지랴 127
구더기 무서워 장 못 담글까 128
구슬이 서 말이라도 꿰어야 보배 14
굴러온 돌이 박힌 돌 뺀다 45
굼벵이도 구르는 재주가 있다 129
금강산 구경도 식후경이라 85
길고 짧은 것은 대어 보아야 안다 130

까마귀 날자 배 떨어진다 86
꿩 대신 닭 131
꿩 먹고 알 먹기 15

남의 손의 떡은 커 보인다 46
낫 놓고 기역 자도 모른다 108
낮말은 새가 듣고 밤말은 쥐가 듣는다 16
내 코가 석 자 109
냉수 먹고 이 쑤시기 62
누워서 떡 먹기 87
누워서 침 뱉기 17
눈 가리고 아웅 63

달걀로 바위 치기 110
달면 삼키고 쓰면 뱉는다 64
닭 소 보듯 47
닭 잡아먹고 오리발 내놓기 65
닭 쫓던 개 지붕 쳐다보듯 111
도둑이 제 발 저리다 112

돌다리도 두들겨 보고 건너라 18

되로 주고 말로 받는다 48

될성부른 나무는 떡잎부터 알아본다 88

등잔 밑이 어둡다 19

떡 줄 사람은 꿈도 안 꾸는데 김칫국부터 마신다 66

똥 묻은 개가 겨 묻은 개 나무란다 67

뛰는 놈 위에 나는 놈 있다 89

마른하늘에 날벼락 113

말 한마디에 천 냥 빚도 갚는다 20

말이 씨가 된다 21

먼 사촌보다 가까운 이웃이 낫다 49

모르면 약이요 아는 게 병 90

목마른 놈이 우물 판다 132

못 먹는 감 찔러나 본다 68

못된 송아지 엉덩이에 뿔이 난다 69

무쇠도 갈면 바늘 된다 133

물에 빠지면 지푸라기라도 잡는다 114

물에 빠진 놈 건져 놓으니까 내 봇짐 내라 한다 70

미꾸라지 한 마리가 온 웅덩이를 흐려 놓는다 50

미운 아이 떡 하나 더 준다 22

믿는 도끼에 발등 찍힌다 51

바늘 가는 데 실 간다 52

바늘 도둑이 소도둑 된다 71

발 없는 말이 천 리 간다 23

방귀 뀐 놈이 성낸다 72

배보다 배꼽이 더 크다 115

백지장도 맞들면 낫다 24

벼 이삭은 익을수록 고개를 숙인다 25

벼룩도 낯짝이 있다 73

병 주고 약 준다 74

보기 좋은 떡이 먹기도 좋다 26

불난 집에 부채질한다 75

빈 수레가 요란하다 76

빛 좋은 개살구 91

사공이 많으면 배가 산으로 간다 92

서당 개 삼 년에 풍월을 읊는다 134

세 살 적 버릇이 여든까지 간다 27

소 잃고 외양간 고친다 116

소문난 잔치에 먹을 것 없다 93

송충이는 솔잎을 먹어야 한다 28

쇠귀에 경 읽기 117

쇠뿔도 단김에 빼랬다 135

수박 겉 핥기 94

숭어가 뛰니까 망둥이도 뛴다 53

시작이 반이다 29

십 년이면 강산도 변한다 95

싼 것이 비지떡 30

아니 땐 굴뚝에 연기 날까 96

아닌 밤중에 홍두깨 97

얌전한 고양이 부뚜막에 먼저 올라간다 98

어물전 망신은 꼴뚜기가 시킨다 54

언 발에 오줌 누기 118

엎어지면 코 닿을 데 99

열 길 물속은 알아도 한 길 사람의 속은 모른다 55

열 번 찍어 아니 넘어가는 나무 없다 136

오르지 못할 나무는 쳐다보지도 마라 31

우물 안 개구리 119

우물을 파도 한 우물을 파라 137

울며 겨자 먹기 120

웃는 낯에 침 못 뱉는다 32

원수는 외나무다리에서 만난다 56

원숭이도 나무에서 떨어진다 100

윗물이 맑아야 아랫물이 맑다 33

입에 쓴 약이 병에는 좋다 34

자라 보고 놀란 가슴 솥뚜껑 보고 놀란다 101

작은 고추가 더 맵다 35

재수 없는 놈은 자빠져도 코가 깨진다 121

재주는 곰이 넘고 돈은 주인이 받는다 77

쥐구멍에도 볕 들 날 있다 138

지렁이도 밟으면 꿈틀한다 139

짚신도 제짝이 있다 140

천 리 길도 한 걸음부터 141

콩 심은 데 콩 나고 팥 심은 데 팥 난다 102

콩으로 메주를 쑨다 하여도 곧이듣지 않는다 78

토끼 둘을 잡으려다가 하나도 못 잡는다 122

티끌 모아 태산 142

하나를 보고 열을 안다 36

하늘은 스스로 돕는 자를 돕는다 143

하늘의 별 따기 123

하룻강아지 범 무서운 줄 모른다 79

호랑이도 제 말 하면 온다 57

호랑이에게 물려 가도 정신만 차리면 산다 37

황소 뒷걸음치다가 쥐 잡는다 103

알라리의 어휘 콕콕!
한컷 초등 속담

1판 1쇄 발행일 2025년 10월 20일

지은이 재능많은국어연구소
그린이 에렘

발행인 김학원
발행처 휴먼어린이
출판등록 제313-2006-000161호(2006년 7월 31일)
주소 (03991) 서울시 마포구 동교로23길 76(연남동)
전화 02-335-4422 **팩스** 02-334-3427
저자·독자 서비스 humanist@humanistbooks.com
홈페이지 www.humanistbooks.com
유튜브 youtube.com/user/humanistma
페이스북 facebook.com/hmcv2001 **인스타그램** @human_kids

편집주간 황서현 **편집** 박현혜 **디자인** 양X호랭 DESIGN
용지 화인페이퍼 **인쇄** 삼조인쇄 **제본** 정민문화사

그림 ⓒ 에렘, 2025

ISBN 978-89-6591-643-7 73710

- 이 책은 저작권법에 따라 보호받는 저작물이므로 무단 전재와 무단 복제를 금합니다.
- 이 책의 전부 또는 일부를 이용하려면 반드시 저작권자와 휴먼어린이 출판사의 동의를 받아야 합니다.
- **사용 연령 6세 이상** 종이에 베이거나 긁히지 않도록 조심하세요. 책 모서리가 날카로우니 던지거나 떨어뜨리지 마세요.